Ma déco
100 % récup'

Conception graphique et mise en page : Céline Julien
Correction : Carine Merlin

www.editions-tredaniel.com
info@guytredaniel.fr
www.facebook.com/editions.tredaniel
ISBN : 978-2-299-00431-0

Note de l'éditeur : L'auteur, l'éditeur et le groupe Reworld Media déclinent toute responsabilité provenant directement ou indirectement de l'utilisation de ce livre.

Ma déco 100 % récup'

Karine Thiboult-Demessence
Photos : Fabrice Demessence

Le Temps Apprivoisé

Sommaire

INTRODUCTION

Petit guide de la récup'

Ce qu'il faut savoir sur nos déchets

Près de 330 millions de tonnes de déchets sont produites chaque année en France, soit plus de 10.000 kilos de déchets par seconde, dont 32 millions de tonnes pour les ménages! En baisse de 6,9 % depuis 2017, la production d'ordures ménagères par habitant en France s'élève aujourd'hui à 580 kg/an selon l'Ademe. En pratiquant la récup', on peut encore réduire notre impact sur l'environnement en créant des objets déco ou pratiques!

Tous ensemble pour une « green life »

Il est nécessaire :

- De réparer plutôt que de jeter les produits lorsque cela est possible
- De favoriser le compostage
- De recycler ce qui peut être recyclé
- De donner une seconde vie aux objets cassés ou en fin de vie

Pourquoi le upcycling ?

En français, on l'appelle « surcyclage »! Cela consiste à récupérer des matériaux ou des produits dont on n'a plus l'usage afin de les transformer. Il s'agit donc d'un recyclage dit « par le haut ».
Le principe du surcyclage est de donner une nouvelle vie à un objet ou un matériau, parfois très loin de sa première vie. Le produit d'origine aura un nouvel usage, souvent esthétique comme à travers les 35 créations proposées dans cet ouvrage pour décorer la maison, le jardin mais aussi créer des objets du quotidien pratiques et déco!

Un bénéfice gratifiant

Un des premiers bénéfices du surcyclage est bien sûr son impact positif sur l'environnement, le principe étant de réutiliser pour éviter de jeter. Mais pas que... Grâce au surcyclage, on crée et recrée des objets uniques. On fait preuve de créativité!

Des astuces anti-gaspi!

Avant de jeter un produit, posez-vous la question: qu'est-ce que je peux récupérer dessus? Par exemple sur les vêtements, découpez les boutons, les fermetures éclairs, les poches... Pour les cadeaux de Noël, récupérez les rubans. Un rouleau de papier qui traîne? On le découpe pour en faire un tableau, recouvrir un meuble... Un meuble désuet? Changez tout simplement les poignées et il aura une autre allure.
Le petit truc: réservez une boîte pour y entreposer les matériaux collectés!

Karine Thiboult-Demessence alias Mademoiselle Tika

Après un bac option dessin, Karine Thiboult-Demessence s'oriente vers les Beaux-Arts de Rennes. Puis elle enchaîne avec une école de mode Esmod (Paris) et une école de modéliste pour se perfectionner en couture.

Depuis 1995, Karine est créatrice et journaliste spécialisée en déco, loisirs créatifs et couture pour la presse écrite ainsi que pour l'édition. À ce jour, elle a réalisé une soixantaine de livres pour les éditions Marie Claire, De Saxe, Creapassions, Fleurus, Hachette, Nature et Découvertes et Les Deux Coqs d'Or.

Karine forme également un duo créatif avec Fabrice Demessence, photographe. Ils créent chaque mois de fabuleuses créations pour *Modes et Travaux*. Vous pouvez retrouver toutes les créations de Karine sur son blog http://karinethiboult.over-blog.com/ et sur instagram : @mademoisellетika

Pourquoi le thème de la récup'? Parce que je déteste jeter ce qui peut être réinventé avec un peu d'imagination! Et en bonus, le fait de créer apporte une certaine zénitude, un apaisement, un moment de détente…

FOURNITURES

Les fournitures
pour bien commencer !

Pas besoin de tonnes de matériel, mais des outils utiles à la portée de tous qui vous simplifieront la vie!
Voici les indispensables annotés de petites astuces:

★ **Des ciseaux.** Pour que les lames de vos ciseaux ne s'émoussent pas, il ne faut les utiliser que pour un seul type de matériaux. Par exemple, réservez une paire pour le papier, une autre pour les tissus...

★ **Un crayon à papier (ou un stylo).**

★ **Un mètre (ou une règle).**

★ **Des lunettes de protection.**

★ **Une scie électrique**. Choisissez-la sans fil, petite, maniable et légère!

★ **Une perceuse**. Incontournable, vous aurez besoin d'une perceuse avec différentes mèches pour le bois, le métal, le verre...

★ **De la peinture à l'eau** adaptée au support.

★ **Un rouleau laqueur**. Cela vous assurera un travail bien lisse sur toutes les surfaces!

★ **Des vis.** Calculez l'épaisseur des supports à visser sans le traverser afin de déterminer la longueur des vis!

★ **Des colles**. Toujours adapter la colle aux supports à coller: colle à bois, néoprène, à papier et carton...

★ **Une vrille à main** pour réaliser des avant-trous.

AEG
BRUSHLESS
18v
PRO LITHIUM ION 18V 2.0 Ah
18V Lithium-ion TECHNOLOGY
DEXTER POWER
SADER
COLLE CONTACT NEOPRENE
GEL
PRISE IMMÉDIATE
COLLAGE PUISSANT
TOUS MATÉRIAUX
NE COULE PAS
125 ml
Pattex
NI CLOU NI VIS
id
PEINTURE ECO RESPECTUEUSE
NOIR - MAT VELOURS
SADER
COLLE BOIS PRO D3
HAUTE RÉSISTANCE À L'HUMIDITÉ
FORTE ADHÉRENCE
TOUTES ESSENCES DE BOIS
TRANSLUCIDE APRÈS SÉCHAGE
PRISE 30 min.
VINYLIQUE D3
Bostik

ACCESSOIRES PRATIQUES DU QUOTIDIEN

Je transforme des assiettes en **serviteur contemporain !**

Fournitures

- ★ 2 assiettes à dessert en grès (diam. 20 cm)
- ★ 1 assiette creuse en grès (diam. 19 cm)
- ★ Kit de montage pour présentoir : tiges, rondelles, vis
- ★ Patins en feutre autocollant
- ★ Perceuse et mèche à céramique (diam. 6 mm)
- ★ Planche en bois
- ★ Masking tape
- ★ Stylo
- ★ Règle
- ★ Eau

APRÈS

Un présentoir
à gâteaux *so chic* !

***Astuce :** vous pouvez aussi utiliser des assiettes chinées çà et là pour un esprit vintage revisité… ou* separate *!*

Étape 1

Découper des morceaux de masking tape. **Placer** les morceaux en étoile au centre de l'assiette. Cela évite à la mèche de ripper lors du perçage de celle-ci. L'adhésif permet ainsi de la maintenir bien en place !

Étape 2

Mesurer le diamètre de l'assiette à l'aide de la règle et **marquer** le centre au stylo.

Étape 3

Placer la planche en bois sous l'assiette pour protéger le support sur lequel vous travaillez. **Positionner** la perceuse à la verticale. Ensuite, **verser** de l'eau dans l'assiette pour éviter à la mèche de chauffer! Puis **percer** doucement jusqu'à perforer entièrement l'assiette.

Étape 4

Percer ainsi les 3 assiettes et passer un chiffon pour éliminer les poussières.

Étape 5

Suivre les indications du kit pour procéder au montage des assiettes. Visser la première assiette (celle du bas) de cette façon:
vis/rondelle/assiette à dessert/ rondelle/tige.
La seconde assiette (celle du milieu): rondelle/assiette à dessert/rondelle/ tige.
La troisième assiette (celle du haut): rondelle/assiette creuse/rondelle/tige avec embout.

Étape 6

Coller les patins en feutre sous l'assiette du bas afin d'assurer une bonne stabilité à votre présentoir!

Je relooke des **serviettes de table !**

Fournitures

- ★ Des serviettes de table en lin ou coton
- ★ Tampon indien en bois
- ★ Tapis encreur pour textile
- ★ Fil à broder en coton
- ★ Mini-cercle à broder
- ★ Aiguille à broder
- ★ Fer à repasser

APRÈS

Des serviettes de table personnalisées

***Astuce :** pour conserver le plus longtemps possible vos tapis encreurs, entreposez-les à l'envers, tapis encreur vers le bas !*

Étape 1

Laver les serviettes et les **repasser**. **Placer** une serviette sur un support plat et dur.

Étape 2

Tamponner l'encreur sur le tampon et non l'inverse. **Presser** le tampon fortement dans un coin de la serviette. **Retirer** le tampon et **laisser sécher** 3 h. Procéder de la même façon sur toutes les serviettes.

Étape 3

Une fois les motifs bien secs, **poser** un linge fin dessus et les **fixer** au fer à repasser. Pour cela, régler le fer à repasser sur coton et couper la vapeur.

Étape 4

Ajuster la serviette dans le cercle à broder et resserrer la vis. **Broder** le motif avec de la couleur. **Mélanger** les points de nœud et lancé.
Pour le point de nœud, sélectionner 2 brins et les enfiler dans l'aiguille. Commencer par sortir l'aiguille à l'endroit désiré, de l'envers du tissu vers l'endroit. Enrouler ensuite le fil deux fois autour de votre aiguille, en le serrant fortement. Puis piquer l'aiguille tout près de l'endroit où le fil est sorti la première fois, toujours en maintenant le fil et en le plaquant contre la toile, cette fois-ci de l'endroit vers l'envers du tissu. Tirez délicatement l'aiguille en gardant votre fil bien tendu.

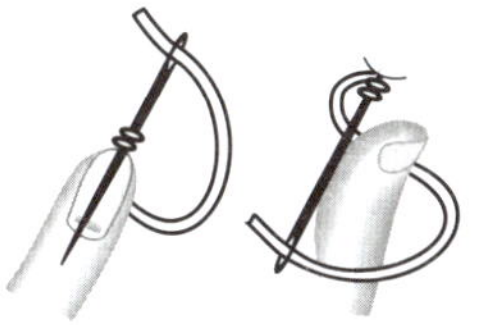

Pour le point lancé, faire un point droit ou plusieurs très serrés pour le remplissage.

Étape 5

Pour **nettoyer** les serviettes, utiliser le programme 40 °C de la machine à laver!

Je transforme des sets de table en **boîte à sushis !**

Fournitures

- ★ 2 sets de table en bambou
- ★ 1 plaque de contreplaqué de 60 x 80 cm (ép. 0,5 mm)
- ★ Peinture acrylique noire
- ★ Papier de ponçage
- ★ Vernis alimentaire
- ★ 32 cm de fil élastique rond noir (diam. 2 mm)
- ★ 2 perles en bois (diam. 1,5 cm)
- ★ Colle à bois
- ★ Aiguille à broder
- ★ Scie
- ★ Pinces à linge

APRÈS

Une jolie présentation pour de délicieux sushis

Étape 1

Tracer 2 rectangles de 4 x 9 cm pour la petite boîte et 2 rectangles de 4 x 10 cm pour la grande boîte sur le contreplaqué. **Scier** les 4 morceaux et **poncer** les côtés. **Essuyer** la poussière.

Étape 2

Peindre les 4 morceaux de contreplaqué en noir et **laisser sécher**.

Étape 3

Tracer 1 bande de 11 x 30 cm pour la petite boîte sur un des sets de table et 1 bande de 21 x 31 cm sur l'autre set pour la grande boîte.

Déposer du vernis alimentaire au pinceau sur les côtés où la couture risque de se désolidariser du bambou lors de la coupe. **Couper** les 2 bandes une fois le vernis sec. Puis **coller** un ourlet sur un des petits côtés de chacune des bandes (couvercle) et **maintenir** avec des pinces à linge.

Étape 4

Déposer de la colle sur un petit côté et un grand côté des morceaux de contreplaqué, attendre 5 min et **assembler** avec la bande découpée dans le set de table (côté sans ourlet). Procéder de la même façon pour les 2 boîtes.

Étape 5

Coller les 2 petits côtés restants sur le set (arrière des boîtes).

Étape 6

Couper 2 morceaux de fil élastique de 6 cm et 10 cm. Pour fixer la perle, passer le fil élastique de 6 cm à l'aide de l'aiguille à travers le set, à 2 cm du bord du côté sans ourlet, de l'intérieur vers l'extérieur.

Enfiler la perle, **repasser** le fil à travers le set, cette fois de l'extérieur vers l'intérieur, et faire un double nœud. **Réaliser** la boucle en passant le fil élastique de 10 cm à 1 cm du bord du couvercle de la boîte. Faire la même chose sur l'autre boîte!

Étape 7

Vernisser les parties peintes à l'aide du vernis alimentaire. **Laisser sécher**.

Niveau débutante ★ Coût 7 € le sac seul, 15 € avec 4 serviettes ★ Temps 1 h 30

Je recycle une toile cirée en **sac à cake !**

Fournitures

- 50 x 120 cm de toile cirée bleu roi
- 80 x 150 cm de coton navy à grands carreaux
- 112 cm de ruban sergé noir (larg. 2,5 cm)
- 36 cm d'élastique plat noir (larg. 0,5 mm)
- Fil à coudre blanc et noir
- Masking tape
- Règle
- Machine à coudre

(SAC CONÇU POUR UN MOULE DE 26 CM)

APRÈS

Un sac parfait pour le pique-nique !

Étape 1

Couper 2 morceaux de 47 x 49 cm dans la toile cirée ainsi que 2 bandes de 15 x 27 cm (couvercle) et 1 bande de 11 x 18 cm (poche).

Étape 2

Tracer le schéma sur les 2 morceaux côté envers de la toile cirée et les **couper**.

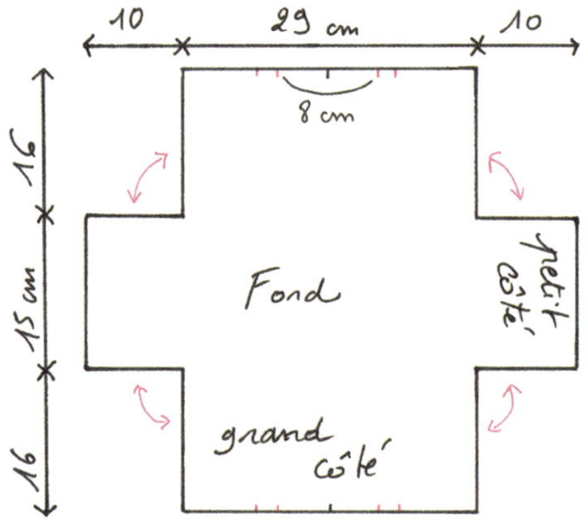

Étape 3

Rabattre un ourlet de 1 cm tout autour de la poche avec le masking tape. **Coudre** côté endroit la poche sur un des grands côtés du sac avec du fil blanc.

Étape 4

Couper 2 morceaux de 56 cm de ruban pour les anses et les **épingler** au bord des grands côtés sur l'endroit de la toile cirée avec un espacement de 8 cm (voir schéma).

Étape 5

Assembler les 2 parties du sac à l'aide du masking tape, endroit contre endroit, et **coudre** les contours à 1 cm du bord en laissant un grand côté ouvert. Puis **retourner** le sac sur l'endroit. Enfin, **coudre** l'ouverture.

Étape 6

Coudre les 4 côtés indiqués sur le schéma par une flèche rouge, endroit contre endroit, avec une double piqûre afin de les solidifier. **Retourner** le sac sur l'endroit et le tour est joué!

Étape 7

Couper 2 morceaux de 18 cm d'élastique pour le couvercle et les **épingler** sur les grands côtés à 5 cm des bords. **Coudre** le contour des bandes du couvercle ensemble, endroit contre endroit, en laissant une ouverture. **Retourner** sur l'endroit et **coudre** l'ouverture.

Étape 8

Couper des carrés de 40 cm de côté dans le coton à grands carreaux pour les serviettes. **Régler** votre machine à coudre sur le point zig zag très serré et largeur 6 pour obtenir un point de bourdon. **Enfiler** du fil noir dans la canette. **Placer** le pied de biche au centre d'un côté et **coudre** jusqu'au bord. **Replacer** le pied de biche au centre et **coudre** l'autre côté jusqu'au bord. Le faire deux fois pour que le point de bourdon soit bien dense. Procéder ainsi sur les 4 côtés de chaque serviette.

Niveau débutante ★ Coût 5 € ★ Temps 1 h 30

Je transforme une chemise en **emballages alimentaires réutilisables !**

Fournitures

- ★ 1 chemise en coton récupérée
- ★ 30 g de granulés de cire d'abeille
- ★ Papier de cuisson
- ★ Fer à repasser
- ★ Ciseaux

AVANT

APRÈS

Des emballages zéro déchet

UNIQUE.

Les emballages imbibés de cire d'abeille s'appellent des « bee wrap » ! Laver la chemise avant de l'utiliser.

Étape 1

Pour le sac à pain, **couper** une manche à hauteur de 50 cm en partant du poignet. La **retourner** sur l'envers. **Coudre** le côté opposé au poignet à 1 cm du bord.
Pour l'anse, **couper** 1 bande de 60 x 6 cm. **Plier** le petit côté en deux, endroit contre endroit, et **coudre** à 1 cm du bord. **Retourner** la bande sur l'endroit par un des petits côtés. **Faire** une piqûre sur les grands côtés à 3 mm des bords. **Rabattre** 3 cm sur les extrémités et les **coudre** de chaque côté du sac au niveau du poignet.

Étape 2

Pour les bee wrap utilisables sur les saladiers ou bols, **mesurer** le diamètre des contenants et ajouter 6 à 8 cm. **Tracer** 1 cercle aux dimensions obtenues et **découper**. Pour les fruits, biscuits, fromages, gâteaux… **couper** des carrés ou rectangles.

Étape 3

Poser une feuille de papier de cuisson sur votre table préalablement protégée par un carton. **Déposer** le morceau de tissu dessus.

Autre méthode : *poser une feuille de papier sulfurisé sur une plaque de cuisson, poser le tissu et saupoudrer les granulés de cire dessus. Enfourner 5 min à 100 °C pour que la cire fonde ! Une fois fondue, laisser sécher.*

Étape 4

Saupoudrer harmonieusement des granulés de cire d'abeille sur toute la surface du tissu en évitant les amas.

Étape 5

Poser une autre feuille de papier de cuisson par-dessus et **passer** le fer à repasser réglé sur coton (sans vapeur). Les granulés vont ainsi fondre et imprégner complètement le tissu.

Étape 6

Retirer la feuille de papier de cuisson. Puis **retirer** le tissu de la deuxième feuille de papier. **Laisser sécher** quelques secondes. S'il manque de la cire sur certains endroits, **repositionner** le tissu sur le papier, **ajouter** des granulés, **poser** l'autre feuille de papier et **repasser** le fer.

Étape 7

Pour entretenir les bee wrap, **passer** simplement une éponge humide dessus. Et si la cire vient à s'user, **ajouter** des granulés aux endroits abîmés!

Je détourne une serviette de bain en **essuie-mains écolo !**

Fournitures

- ★ 1 serviette en nid-d'abeilles de 70 x 140 cm
- ★ 23 x 71 cm de tissu imprimé feuillage
- ★ 23 x 135 cm de tissu à carreaux
- ★ 23 x 71 cm de tissu à fleurs
- ★ Machine + pressions Kam noires et blanches
- ★ Ruban sergé noir (larg. 11 mm)
- ★ Baguette chinoise
- ★ Fil à coudre écru
- ★ Épingles
- ★ Poinçon
- ★ Machine à coudre
- ★ Cutter rotatif

APRÈS

Des essuie-mains réutilisables à l'infini !

***Conseil :** vous pouvez remplacer la serviette en nid-d'abeilles par une serviette en éponge !*

Étape 1

Tracer 15 rectangles de 23 x 27 cm sur la serviette en nid-d'abeilles, c'est-à-dire 3 rectangles sur le petit côté et 5 rectangles sur le grand côté. **Tracer** 14 rectangles de mêmes dimensions sur l'envers des différents tissus.

Étape 2

Couper les 15 rectangles en nid-d'abeilles. **Réserver** un des rectangles pour les éponges et **couper** dedans 2 bandes de 11 x 27 cm. **Couper** aussi les 14 rectangles en tissu.

Étape 3

Épingler les rectangles en nid-d'abeilles avec les rectangles en tissu, endroit contre endroit. **Coudre** le tour à 1 cm du bord, en laissant une ouverture d'environ 5 cm. **Retourner** les essuie-mains sur l'endroit et sortir les angles à l'aide de la baguette. Ensuite, **coudre** l'ouverture au point invisible. **Faire** une piqûre au plus près du bord pour une finition parfaite.

Étape 4

Perforer les 4 coins des 14 essuie-mains à 2 cm du bord. Les **disposer** à la queue leu leu pour **repérer** les emplacements femelle et mâle des pressions. Côté imprimé, **monter** 2 pressions mâles noires à gauche avec des capsules blanches côté nid-d'abeilles. À droite, **monter** 2 capsules noires avec 2 pressions femelles blanches côté nid-d'abeilles.

Étape 5

Épingler 10 cm de sergé plié en deux, côté endroit, sur un petit côté du rectangle en nid-d'abeilles restant pour les éponges. **Rabattre** le grand côté sur lui-même et **coudre** le tour en laissant une ouverture de 5 cm. **Retourner** sur l'endroit et **coudre** l'ouverture.

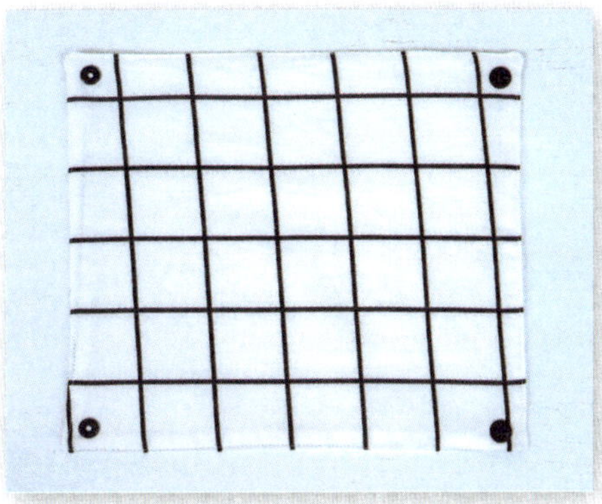

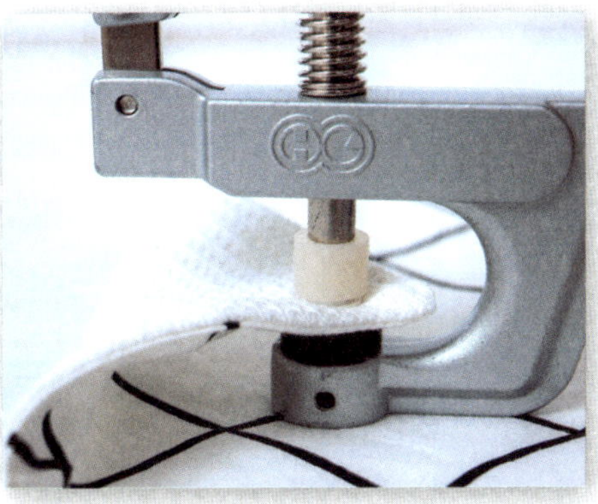

DÉCO D'INTÉRIEUR ORIGINALE

Je transforme des cartons en **maison pour chat !**

Fournitures

★ 2 cartons de 60 x 30 x 30 cm
★ Feutres noirs
★ Peinture noire
★ Masking tape
★ Rouleau
★ Cutter
★ Règle
★ Pistolet à colle

APRÈS

Une véritable villa pour minou !

Étape 1

Couper une hauteur du carton afin de l'ouvrir complètement. **Raccourcir** les grands côtés pour passer de 60 cm à 50 cm de long. **Découper** des fenêtres sur ces derniers à l'aide du cutter.

Étape 2

Découper une porte sur le devant de la maison, petit côté du carton (partie au centre du carton ouvert), d'environ 20 cm de haut sur 15 cm de large.

Étape 3

Couper le devant de la maison en triangle (environ 14 cm de hauteur) en ajoutant 2 cm de marge.

Étape 4

Décorer le contour des fenêtres en collant du masking tape.

Étape 5

Dessiner des feuillages et des fleurs de différentes tailles à l'aide des feutres noirs sur le carton.

Étape 6

Pour le toit, **découper** 1 rectangle de 47 x 53 cm dans le second carton et le **peindre**. **Plier** le grand côté en deux pour former le toit.

Étape 7

Rabattre les côtés du triangle en guise de rabats et **poser** de la colle dessus. **Coller** les rabats du carton sur les côtés du triangle. Ensuite, **poser** le toit sur les rabats pour le fixer.

Étape 8

Glisser un coussin douillet à l'intérieur pour que minou soit à son aise!

Je transforme des anneaux de rideaux en **porte-torchons !**

Fournitures

- ★ 3 anneaux de rideaux en bois
- ★ 1 planche en bois de 60 x 18 cm (ép. 18 mm)
- ★ 20 x 30 cm de cuir rose poudré
- ★ Peinture acrylique rose pâle
- ★ 1 bouton de meuble en bois
- ★ 3 clous de tapissier cuivre (diam. 18 mm)
- ★ 3 attaches parisiennes
- ★ Bombe de peinture cuivre
- ★ 2 grands clous cuivre
- ★ Agrafeuse murale
- ★ Marteau
- ★ Scie
- ★ Tournevis
- ★ Pinceau
- ★ Papier de ponçage

APRÈS

Un porte-torchons pratique

Étape 1

Scier 1 rectangle de 8 x 45 cm dans la planche en bois. **Poncer** les contours. **Étaler** une première couche de peinture recto verso. **Laissez sécher** 1 h et **repasser** une seconde couche.

Étape 2

Marquer 6 repères au centre de la planche, c'est-à-dire à 4 cm des grands côtés. Faire les 2 premiers repères à 2 cm des extrémités de chaque côté de la planche pour les grands clous qui permettent la fixation au mur.
Pour la pose de la première lanière en cuir ainsi que le bouton de meuble, **faire** un point à 7 cm des extrémités de chaque côté de la planche.
Pour les 2 lanières restantes, compter un espacement de 10 cm.

Étape 3

Peindre les 3 anneaux en bois recto verso, les attaches parisiennes et le bouton de meuble à l'aide de la bombe cuivre. **Laisser sécher** 15 min au minimum.

Étape 4

Découper 3 lanières en cuir de 2,5 x 30 cm. **Enfiler** 1 anneau au centre d'une lanière, puis **superposer** les extrémités sur 1,5 cm et **agrafer** sur le premier repère. Ensuite, **agrafer** les 2 autres lanières sur les repères suivants. Une fois les 3 lanières agrafées, les **clouter**. Puis faire une incision au-dessus des anneaux dans les 2 épaisseurs de cuir et **glisser** les attaches parisiennes. Les ouvrir et **couper** un peu leurs ailettes.

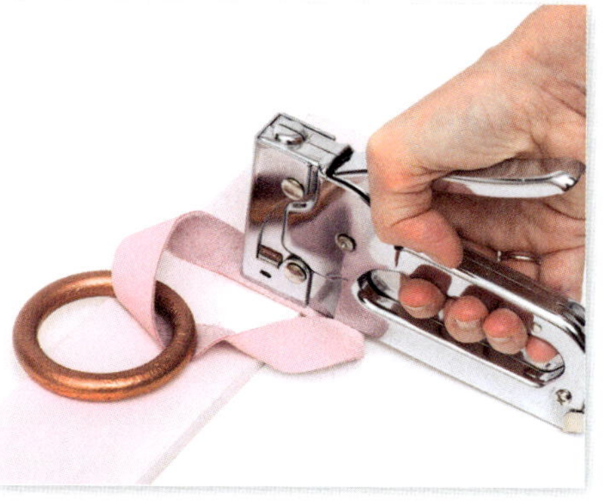

Étape 5

Visser le bouton de meuble sur le dernier repère à 7 cm du bord. Il vous permettra d'y suspendre un tablier, des ustensiles...

Conseil : *agrafez les lanières sur la planche sur un support plat et stable, envers du cuir vers vous !*

Je transforme une baladeuse en **lustre hygge !**

Fournitures

- ★ 1 baladeuse
- ★ 8 pelotes de coton Natura XL écru
- ★ Échevette de coton à broder écru
- ★ Carcasse d'abat-jour avec fixation (diam. 35 cm)
- ★ Carcasse d'abat-jour cercle nu (diam. 30 cm)
- ★ Peinture aérosol or
- ★ Pavillon, tige filetée avec anneau, serre-câble transparent
- ★ Mousquetons, chaîne
- ★ Carton
- ★ Peigne à cheveux
- ★ Colle textile

AVANT

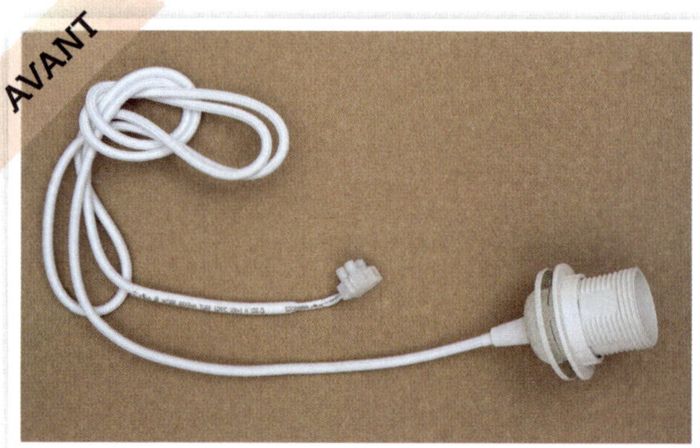

APRÈS

Une suspension arty

Étape 1

Découper 1 rectangle de 7 x 14 cm dans le carton. Faire une encoche au centre d'un petit côté et y glisser l'extrémité du fil de coton. **Réaliser** 30 tours complets autour des 14 cm du carton avec le fil. **Couper** le fil. Puis **glisser** un brin* en guise d'attache entre le carton et l'amas de fils et faire un nœud. **Couper** les fils à l'autre extrémité pour libérer le carton. **Ôter** le carton et **peigner** les fils. **Nouer** un brin à environ 2 cm de l'attache pour former le tassel.

Plonger le bas de celui-ci dans l'eau et le **peigner** pour lui donner du volume. Ainsi les brins du fil vont se détacher. **Laisser sécher**. Ensuite, **repeigner** le tassel une fois sec. Faire ainsi 67 pompons tassels. **Égaliser** le bas des pompons.

*Séparer le fil en brins.

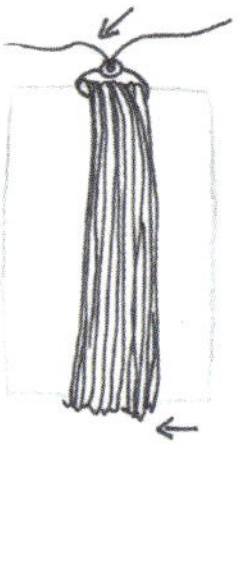

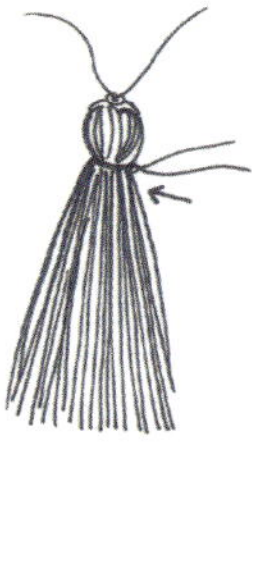

Étape 2

Peindre les 2 carcasses d'abat-jour, les mousquetons et la chaîne en doré.

Étape 3

Fixer 36 pompons tassels sur le grand cercle (12 entre les 3 segments) et 31 sur le plus petit au moyen d'un triple nœud. **Poser** un point de colle sur chacun des nœuds et **couper** le surplus de fils.

Étape 4

Accrocher le petit cercle au grand avec 3 bouts de coton à broder afin de créer un étage. **Poser** un point de colle sur chacun des nœuds.

Étape 5

Visser la douille au centre du grand cercle avec fixation ainsi que la tige filetée dans le pavillon. Ensuite, **passer** le câble électrique dans la tige et **visser** le serre-câble. Faire le raccord avec l'installation électrique en ayant préalablement coupé le courant!

Étape 6

Fixer la chaîne sur un des montants de la carcasse. **Enfiler** le mousqueton dans la chaîne et l'**accrocher** dans le crochet du pavillon.
Ou **fixer** les 3 chaînes sur le grand cercle et les **accrocher** dans le crochet du pavillon à l'aide des mousquetons.

COUPER TOUJOURS LE COURANT AVANT LES RACCORDEMENTS SUR LE SYSTÈME ÉLECTRIQUE!!!

Je transforme un chemin de table en **porte-revues !**

Fournitures

- ★ 1 chemin de table en tissu de 35 x 130 cm
- ★ 1 tourillon en bois lisse de 1 m (diam. 16 mm)
- ★ 1 tube en cuivre de 2 m (diam. 16 mm)
- ★ 8 coudes à 90 ° en cuivre (diam. 16 mm)
- ★ Mini-pompons jaunes
- ★ Fil à broder noir
- ★ 1 scie avec lames bois et métal
- ★ Colle néoprène
- ★ Papier de ponçage fin
- ★ Règle
- ★ Crayon
- ★ Ciseaux
- ★ Grosse aiguille

APRÈS

Un porte-revues intemporel et design

LISA GACHET
Make my birthday

Étape 1

Marquer 2 tronçons de 40 cm sur le tourillon en bois. Sur le tube en cuivre, **tracer** 6 morceaux : 4 morceaux de 33 cm et 2 morceaux de 20 cm. **Couper** les 2 morceaux de bois et les 6 morceaux de cuivre à l'aide de la scie en changeant de lame. Veillez à **poncer** toutes les extrémités pour optimiser l'assemblage de la structure (délicatement pour le cuivre afin de ne pas le rayer).

Étape 2

Déposer un peu de colle dans 4 coudes et les **fixer** de chaque côté des 2 tourillons avec la colle néoprène (1, 2, 3, 4). **Monter** les hauteurs en cuivre de 33 cm (5, 6, 7, 8) en les emboîtant dans les coudes. Aux extrémités de ces 4 hauteurs, **coller** les 4 coudes restants (9, 10, 11, 12). Pour finir, **coller** les 2 tubes en cuivre de 20 cm dans les raccords coudés.

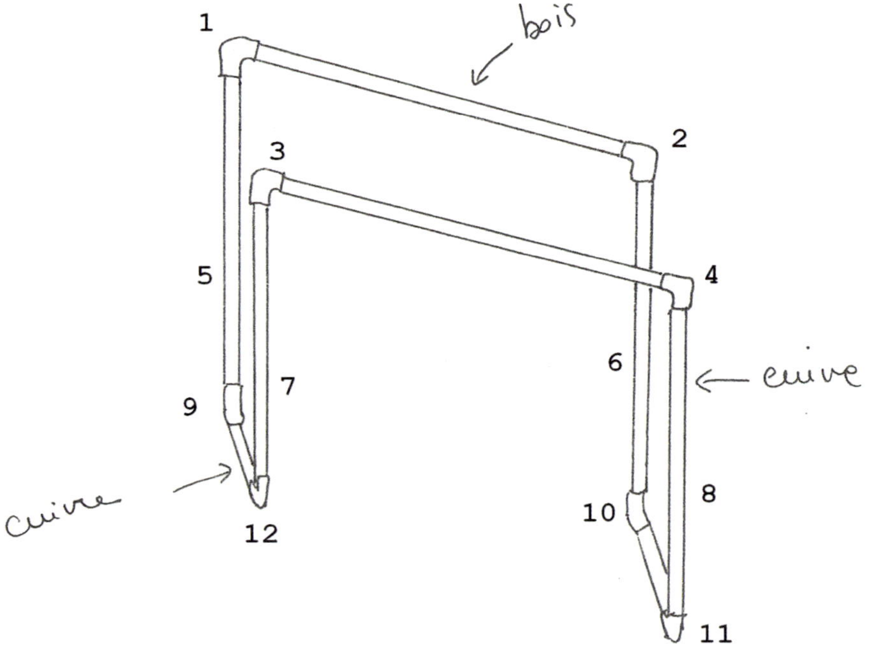

Étape 3

Découper le chemin de table afin d'obtenir 1 rectangle de 35 x 93 cm. **Marquer** un trait à 10 cm des extrémités : il s'agit des endroits à ne pas broder car ce sont les rabats intérieurs ! **Broder** des traits de différentes longueurs avec le fil à broder noir. **Peaufiner** le motif en collant les mini-pompons jaunes ici et là.

Étape 4

Poser le chemin de table à cheval sur la structure en bois du porte-revues et **coller** le bord des rabats sur chaque face intérieure. **Laissez sécher** 12 h.

Astuce : *vous pouvez aussi customiser le chemin de table avec des pochoirs à motifs !*

Je transforme du bois flotté en **porte-bijoux chic !**

Fournitures

★ 1 planche de bois flotté
★ 4 mini-galets
★ 4 galets moyens
★ Ficelle
★ Feutre blanc à encre gel (diam. 0,5 mm)
★ Peinture déco acrylique blanche et noire
★ Outil de modelage boule
★ Pinceau
★ Vernis mat
★ Crayon à papier
★ Colle polymère pour matériaux poreux

Étape 1

Lavez les galets et les **peindre** en noir. **Laisser sécher**.

Étape 2

Tracer 1 cercle au crayon au centre des galets moyens. **Tremper** l'outil boule dans la peinture blanche et **marquer** le centre des galets d'un point. Plus vous appuyez et plus le rond est gros !

Alterner l'outil boule et le feutre pour créer les motifs.

Étape 3

Vernir les galets pour bien les protéger. **Laisser sécher**.

Étape 4

Coller les mini-galets sur la planche avec un espacement identique.

Étape 5

Coller les galets peints sur les mini-galets.

Étape 6

Coller une ficelle à l'arrière de la planche pour la fixer au mur.

Je transforme une taie d'oreiller **en coussin trendy !**

Fournitures

- ★ 1 taie d'oreiller
- ★ Feuilles de flex thermocollant coloris orange, marine, menthe, mousse
- ★ Échevette de fil à broder coton
- ★ Fil à coudre
- ★ Épingles
- ★ Mètre de couturière
- ★ Ciseaux
- ★ Carton
- ★ Machine à coudre (facultatif)
- ★ Fer à repasser

APRÈS

Un coussin exotique

Étape 1

Couper 1 carré de 40 cm de côté dans la taie d'oreiller. **Couper** ensuite 2 rectangles de 36 x 40 cm pour le dos de la housse.

Étape 2

Décalquer le gabarit du toucan. **Couper** chacune des pièces composant l'oiseau. Les **reproduire** sur les morceaux de flex en fonction des coloris sur l'endroit du flex ou sur l'envers, mais en les inversant.

Motif à reproduire à 200 %

Étape 3

Placer les pièces composant le toucan sur le carré de tissu et les **fixer** au fer à repasser. **Retirer** l'opercule et le tour est joué!

Étape 4

Réaliser 4 pompons tassels dans le fil à broder. À l'aide d'un bout de carton, **fabriquer** un tassel en enroulant le fil autour de celui-ci. **Nouer** un second fil en haut entre le carton et le coton (1), puis **couper** l'autre extrémité pour libérer le fil du carton (2). **Nouer** un troisième fil à un tiers du pompon (3). Les **épingler** dans les coins du carré de tissu estampillé du toucan, leur extrémité vers le centre. **Poser** le deuxième tissu par-dessus, **coudre** à 1 cm du bord et **retourner** sur l'endroit.

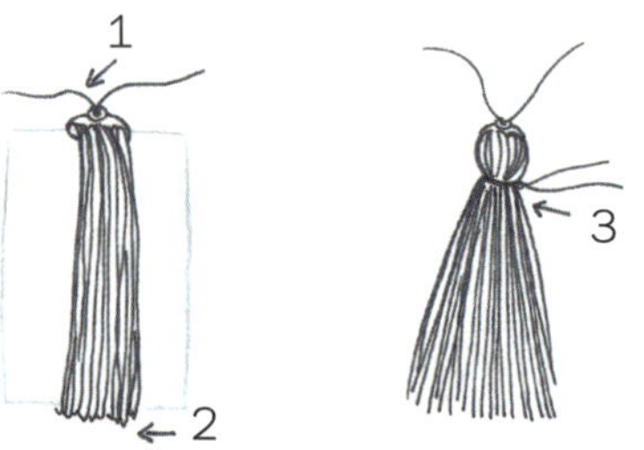

Étape 5

Rabattre le grand côté des 2 rectangles sur 6 cm, envers contre envers, et **coudre** avec un rentré de 1 cm. **Placer** le carré de tissu avec le toucan devant vous. **Superposer** les rectangles, endroit contre envers, sur le carré. **Coudre** tout le tour. **Retourner** sur l'endroit.

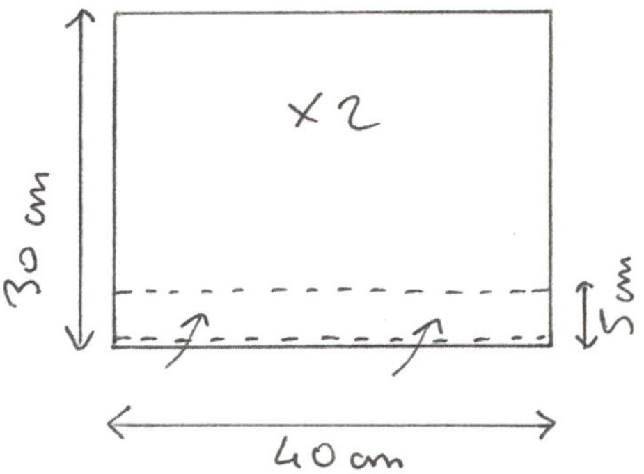

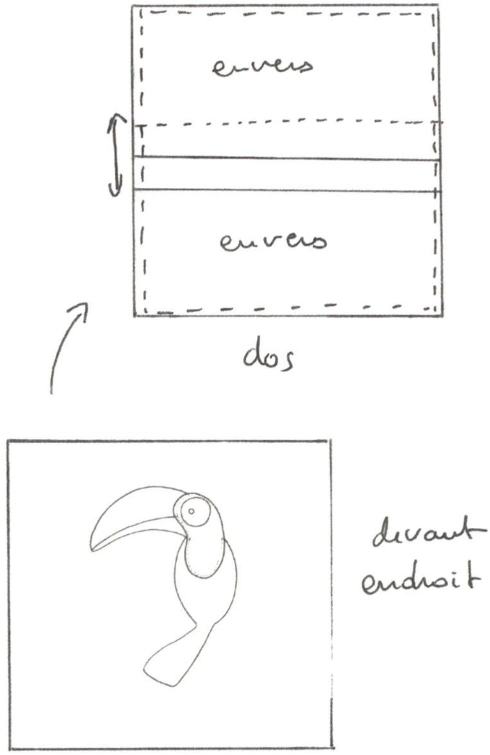

Étape 6

Glisser un coussin dans la housse.

Je restaure une chaise dans un **style contemporain !**

Fournitures

- ★ 20 x 150 cm de denim indigo
- ★ 120 clous de tapissier bronze (diam. 10 mm)
- ★ Peinture noire
- ★ Feuille de ponçage
- ★ Marteau
- ★ Règle
- ★ Crayon
- ★ Agrafeuse murale
- ★ Ciseaux

Étape 1

Ôter l'assise et **poncer** la chaise.

Étape 2

Peindre la chaise et la **laisser sécher**.

Étape 3

Découper 12 bandes de denim de 5 x 46 cm en les déchirant afin d'avoir des bords légèrement frangés.

Étape 4

Agrafer les extrémités de 7 bandes sur un côté de la chaise pour les maintenir en place.

Étape 5

Tracer un trait sur les extrémités des bandes en guise de repère pour positionner les clous. **Poser** 1 clou au centre de chaque bande. Puis **étalonner** les clous restants. Compter 5 clous par bande. **Clouter** le côté opposé des bandes en tirant dessus. Puis **fixer** les 5 bandes sur le devant. Les **passer** dessus/dessous sur les bandes déjà fixées. Pour finir, les **clouter** au dos de la chaise.

Je détourne des paniers en **multi-luminaires !**

Fournitures

- ★ Des paniers de 25 cm à 35 cm de diamètre
- ★ Bombe de peinture noire
- ★ 1 feuille de bois de 30 x 30 cm
- ★ Câble électrique en tissu noir
- ★ 3 douilles noires
- ★ 3 serre-câbles noirs
- ★ Colle à bois
- ★ Adhésif fin noir
- ★ Adhésif large
- ★ Ciseaux
- ★ Perceuse et mèche à bois
- ★ Tournevis

AVANT

APRÈS

Des suspensions aériennes

Étape 1

Pour l'abat-jour japonais, **découper** 1 cercle de 10,5 cm de diamètre dans la feuille de bois. **Coller** le cercle en renfort sur le fond et à l'intérieur du panier.

Étape 2

Pour les abat-jour cannelés, **découper** 4 cercles de 9 cm de diamètre dans la feuille de bois. **Coller** un des cercles à l'intérieur du panier, au fond et au centre. Puis **coller** l'autre cercle sur le fond, côté extérieur cette fois-ci. Le cannage sera ainsi pris en sandwich entre les 2 cercles. Faire la même chose sur l'autre panier cannelé. **Laisser sécher** 1 h.

Étape 3

Pour délimiter la partie à peindre du panier japonais, le **retourner** et **enrubanner** le bas d'adhésif large sur l'extérieur comme sur l'intérieur. Avec la bombe, **coloriser** le haut du panier retourné dans un endroit aéré. **Bomber** l'extérieur mais aussi l'intérieur. **Laisser sécher** 30 min. **Retirer** l'adhésif.

Étape 4

Marquer le centre des fonds des trois paniers. **Percer** un trou afin de passer le câble électrique au travers. **Enrouler** un peu d'adhésif noir à l'extrémité du câble pour éviter que le tissu ne s'effiloche et enfiler la partie haute du serre-câble dessus. **Glisser** le câble dans le trou de l'extérieur vers l'intérieur du panier.

Étape 5

Enfiler la deuxième partie du serre-câble, puis le haut de la douille sur le câble électrique à l'intérieur des paniers. **Procéder** au raccordement des fils électriques à l'aide du domino. **Enfiler** la deuxième partie de la douille et la **visser**. **Régler** la longueur du câble à la hauteur souhaitée et **visser** le serre-câble de part et d'autre de l'abat-jour pour le maintenir.

Astuce : *pour optimiser le collage des cercles « renforts » en feuille de bois, maintenez-les avec de petites pinces à linge !*

COUPER TOUJOURS LE COURANT AVANT LES RACCORDEMENTS SUR LE SYSTÈME ÉLECTRIQUE !!!

Niveau débutante ★ Coût 20 € ★ Temps 5 h

Je recycle des chutes de tissu en petit **tapis stylé !**

Fournitures

- ★ Des chutes de tissu (60 x 150 cm de chambray ciel, 80 x 150 cm de chambray bleu, 100 x 150 cm de chambray indigo)
- ★ Pelote de fil de coton écru à crocheter
- ★ 63 punaises à tête
- ★ 1 carton de 50 x 65 cm
- ★ Aiguille et fil à coudre
- ★ Colle textile
- ★ Mètre de couturière
- ★ Ciseaux

APRÈS

Un tapis façon pièce unique

HOME écolo chic

Astuce : *vous pouvez recycler aussi vos vêtements, des t-shirts aux chemises, pour créer des tapis toujours plus originaux !*

Étape 1

Piquer 32 punaises espacées de 1,5 cm sur le petit côté du carton. Puis **piquer** 31 punaises sur le côté opposé.

Étape 2

Nouer le fil de coton autour d'une punaise située à une extrémité et le faire passer de haut en bas sur toutes les punaises. **Nouer** le fil autour de la dernière punaise.

Étape 3

Déchirer des bandelettes de tissu de 3,5 cm de large sur toute la longueur.

Étape 4

Laisser 7 cm de fil vierge entre les punaises et la première bandelette de tissu. **Passer** chaque bandelette entre les fils dessus/dessous. **Coller** les raccords. **Tisser** ainsi jusqu'à laisser 7 cm vierge au bas du tissage entre la dernière bandelette et les punaises.

Étape 5

Couper les fils de la structure vierge du début et les **nouer** deux par deux. Faire 4 tissages identiques et les coudre ensemble pour former un tapis de 90 x 90 cm.

TÉLÉTRAVAIL

Je recycle une planche en **coussin d'ordinateur !**

Fournitures

- ★ 40 x 50 cm de contreplaqué
- ★ 40 x 160 cm de tissu à motifs
- ★ 30 cm de bande auto-agrippante
- ★ Peinture acrylique satinée blanche
- ★ Fil de couture blanc
- ★ Rembourrage
- ★ Épingles
- ★ 36 x 50 cm de papier
- ★ Colle forte ou agrafeuse murale

APRÈS

Un support d'ordinateur

Étape 1

Sur le papier, **tracer** un repère à 22 cm du bord de chaque petit côté. **Arrondir** le haut, puis les angles du bas. **Découper** le gabarit.

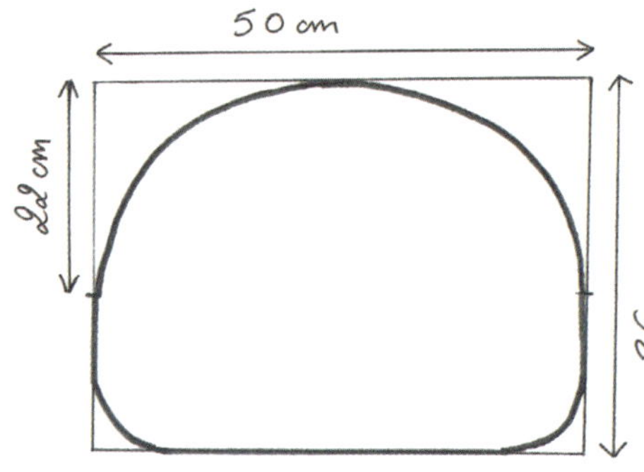

Étape 2

Épingler le gabarit sur l'envers du tissu. **Découper** 2 formes (le dessus et le dessous du coussin) en ajoutant 1 cm de bordure.

Étape 3

Couper la bande auto-agrippante en deux et **coudre** les 2 parties mâles, espacées de 20 cm, au centre et sur l'endroit du tissu.

Étape 4

Couper 1 bande de tissu de 8 x 148 cm. La **coudre** avec le dessus et le dessous du coussin, endroit contre endroit, en laissant une ouverture.

Étape 5

Retourner l'ouvrage sur l'endroit et le **rembourrer**. **Coudre** l'ouverture.

Étape 6

Découper le contreplaqué en vous servant du gabarit.

Étape 7

Peindre le contreplaqué et **laisser sécher**. Pour finir, **coller** les 2 bandes auto-agrippantes (parties femelles) en face de celles cousues sur le coussin.

Je transforme un treillage en **organisateur design !**

Fournitures

- ★ 1 treillage en métal de 60 x 120 cm
- ★ Peinture aérosol noire et or
- ★ 2 lanières de cuir fauve de 100 cm (larg. 19 mm)
- ★ 4 pressions coloris laiton (diam. 12 mm)
- ★ 1 planche de bois de 14 x 50 cm
- ★ 1 planche de contreplaqué (ép. 0,5 mm)
- ★ 1 plaque de médium fin
- ★ 1 tourillon de 80 cm
- ★ 2 crochets
- ★ 1 mini-panière
- ★ Perceuse
- ★ 1 plaque de liège autocollante
- ★ 2 boutons de porte en bois
- ★ 1 porte-documents en bois
- ★ 1 collier de serrage en plastique noir
- ★ De la colle à bois
- ★ 1 pince à pressions

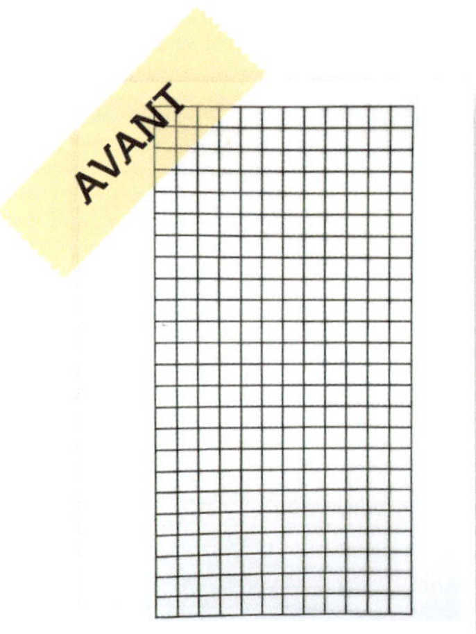

APRÈS

Un rangement
de bureau

Hello
MERCHANT & MILLS
6
BUTTONS

Mon conseil: *les lanières à pressions permettent de changer les éléments de place facilement!*

Étape 1

Commencer par **peindre** le treillage en noir à l'aide de la bombe aérosol en veillant à protéger le sol avec une bâche plastique. **Peindre** les 2 faces. Puis **laisser sécher**.

Étape 2

Confectionner l'étagère suspendue. Découper 1 rectangle de 11 x 36 cm dans la planche de bois et **couper** 2 lanières de cuir de 55 cm. **Fixer** 1 pression femelle et 1 pression mâle à chaque extrémité des lanières sur l'endroit. **Clipper** les lanières à cheval sur un montant du treillage et y **glisser** la planche.

Étape 3

Fabriquer le présentoir d'adhésifs. Couper le tourillon sur 27 cm de longueur ainsi que 2 lanières en cuir de 18 cm. **Fixer** 1 pression femelle sur l'endroit et 1 pression mâle sur l'envers à chaque extrémité des lanières. **Clipper** les lanières à cheval sur un montant du treillage et y **glisser** le tourillon.

Étape 4

Réaliser le tableau mémo.
Découper 1 rectangle de 28 x 35 cm dans le médium. Puis **encoller** la plaque de liège dessus. Ensuite, **peindre** le porte-documents en noir, puis la pince en doré en protégeant le bois. La **coller** sur le liège à 2 cm des bords. Pour finir, **peindre** 2 boutons de porte en noir et les **coller** sous le tableau. **Peindre** 1 crochet en doré en guise d'attache.

Étape 5

Composer la boîte.
Découper dans le contreplaqué 2 rectangles de 6 x 13 cm (devant et dos), 2 rectangles de 6 x 6 cm (côtés) et 1 rectangle de 7 x 13 cm (fond). **Percer** le dos au centre à 2 cm du bord. **Coller** les éléments ensemble et **laisser sécher** 3 h. Pour fixer la boîte, **glisser** le collier de serrage dans le trou et à cheval sur un montant du treillage. **Couper** le surplus.

Étape 6

Créer le cache-pot.
Peindre le crochet en doré et l'**enfiler** dans la panière. Puis **installer** une plante dedans!

Je transforme un rideau en **pouf design !**

Fournitures

- ★ 1 rideau gris de 140 x 280 cm
- ★ 270 x 150 cm de toile perle Christina
- ★ 250 l de billes de polystyrène
- ★ Papier pour le patron
- ★ Épingles
- ★ Fil à coudre gris
- ★ Ciseaux
- ★ Crayon
- ★ Règle
- ★ Machine à coudre

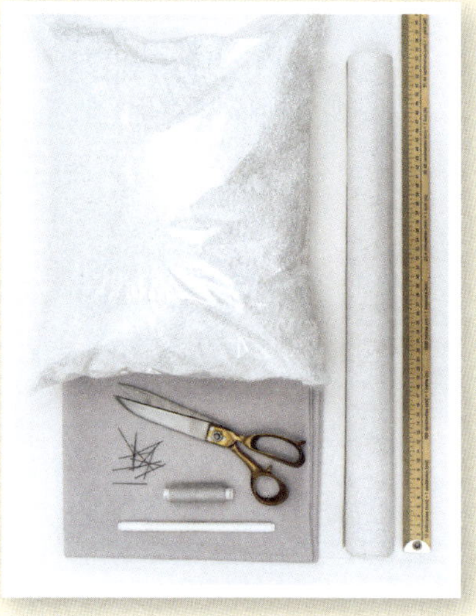

AVANT

APRÈS

Un pouf poire déhoussable

Étape 1

Tracer le patron en forme de « pétale » sur une feuille de papier. **Commencer** par dessiner une verticale de 115 cm avec une base de 50 cm.
Tracer ensuite 5 perpendiculaires. La première à 14 cm du sommet et de 25 cm de longueur. La deuxième à 50 cm du sommet et de 45 cm de longueur. La troisième à 73 cm du sommet et de 58 cm de longueur. La quatrième à 88 cm du sommet et de 61 cm de longueur. Et enfin, la cinquième à 103 cm du sommet et de 58 cm de longueur. **Relier** les extrémités pour former le pétale.

Étape 2

Couper le pétale et l'**épingler** sur le rideau, le plus près du bord, puis **tracer** son contour. Le **reporter** 4 fois tête bêche. **Couper** ensuite les 4 pétales. Enfin, **couper** 1 cercle de 65 cm de diamètre pour le fond du pouf. Faire la même chose avec la toile pour la doublure.

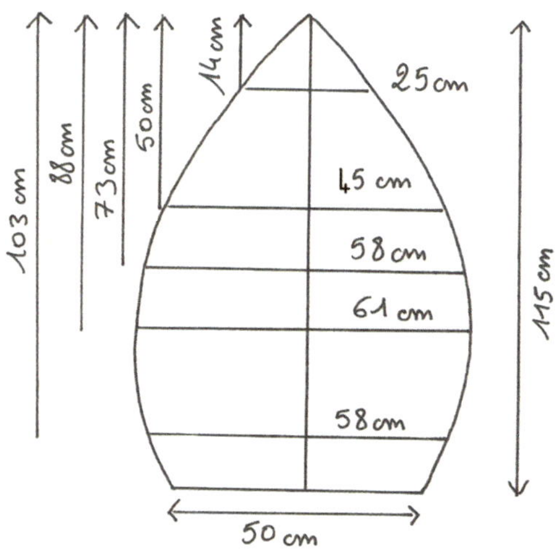

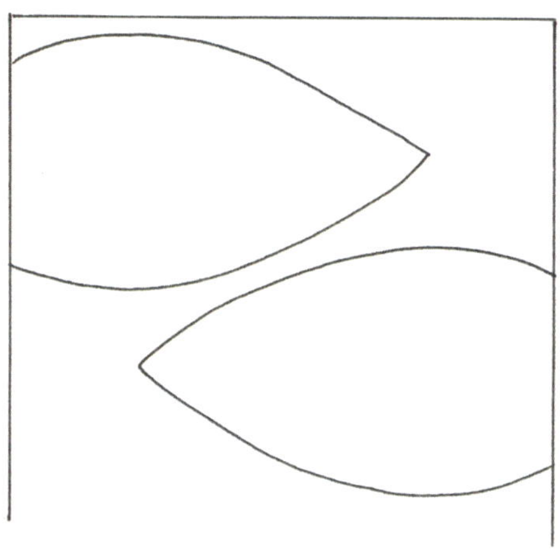

Étape 3

Couper 1 carré 15 cm de côté autour d'un œillet du rideau. **Coudre** un rentré autour.

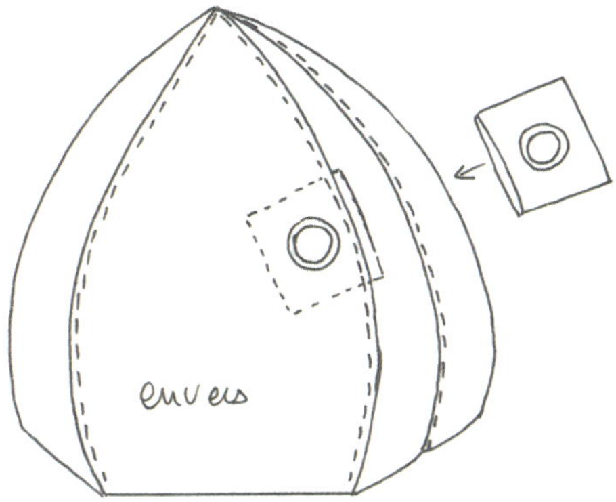

Étape 4

Épingler l'œillet sur le côté d'un pétale à 40 cm du sommet et le **coudre** (voir schéma). **Coudre** les 4 pétales ensemble par les côtés.

Étape 5

Coudre la moitié du fond avec le haut du pouf. **Retourner** sur l'endroit.

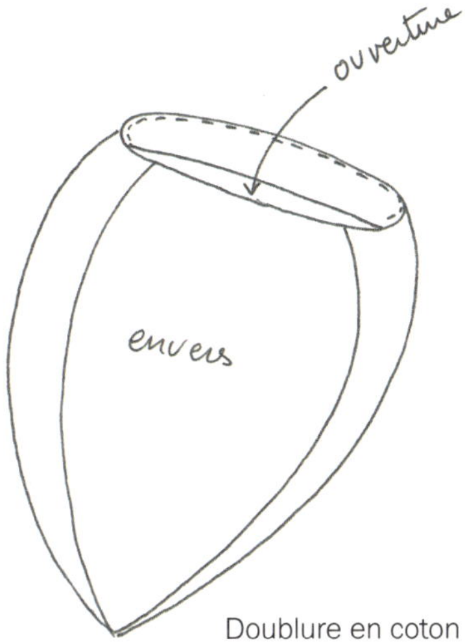

Doublure en coton

Étape 6

Pour la doublure, **coudre** les 4 pétales par les côtés et la moitié du fond, puis **retourner** sur l'endroit.

Étape 7

Glisser les sacs de billes dans la doublure et **coudre** le fond en laissant 20 cm d'ouverture environ. **Percer** les sacs, les **vider** et les **sortir** (cette technique permet d'éviter de disperser les billes dans la maison!). **Coudre** l'ouverture. **Enfiler** la doublure dans le pouf gris et **coudre** l'ouverture.

Mon conseil : *vous pouvez utiliser n'importe quel rideau à condition qu'il soit épais !*

Niveau débutante ★ Coût 7 € ★ Temps 1 h 30

Je transforme un jean en **tableau pêle-mêle !**

Fournitures

- ★ 1 pantalon en jean
- ★ 45 x 55 cm de denim indigo
- ★ 1 cadre de 40 x 50 cm
- ★ Pistolet à colle
- ★ Mini-pinces dorées
- ★ Ciseaux
- ★ Règle

Étape 1

Démonter le cadre et **supprimer** la vitre.

Étape 2

Mesurer le support cartonné du cadre et ajouter une marge de 5 cm tout autour. **Couper** un morceau de denim aux dimensions obtenues.

Étape 3

Coller le denim sur le support cartonné et **rabattre** les 5 cm sur l'arrière de celui-ci.

Étape 4

Remonter l'encadrement.

Étape 5

Découper les poches et les passants du pantalon, puis les **coller** sur le denim.

Étape 6

Pour finir, **coller** les petites pinces.

BONHEUR ★
merci

PETITS OBJETS DÉCO

Je transforme des bougies en **pains odorants !**

Fournitures

- ★ Des grosses bougies blanches
- ★ 1 sachet de cire de soja en copeaux
- ★ Moule à savon en silicone
- ★ Huiles essentielles
- ★ Cannelle, clous de girofle et badiane
- ★ Des branches de sapin et d'eucalyptus
- ★ 1 orange
- ★ Perles en bois
- ★ Rubans
- ★ 1 boîte en carton
- ★ 1 vrille à main

AVANT

APRÈS

Des suspensions odorantes à offrir

GREEN ATTITUDE
EUCALYPTUS

Étape 1

Commencer par **sécher** l'orange : pour cela, la **couper** en rondelles d'un peu moins de 1 cm d'épaisseur. Les déposer sur une plaque de cuisson recouverte de papier sulfurisé ou, encore mieux, sur une grille. **Enfourner** les rondelles dans le four préchauffé à 80 °C et **laissez cuire** 2 h sur chaleur tournante. Au bout de 2 h, **retourner** les rondelles sur l'autre face et **laisser à nouveau cuire** 2 h. Si les rondelles d'orange brunissent trop, les sortir. Si elles sont encore humides, prolonger la cuisson de 30 min à 1 h (l'orange peut être plus ou moins juteuse et vos rondelles plus ou moins fines).

Étape 2

Couper une bougie en petits morceaux. Puis débarrassez-vous de sa mèche. Pour information, vous pouvez réaliser 3 pains odorants avec une bougie ! **Verser** les morceaux dans une petite casserole.

Étape 3

Pour la cuisson au bain-marie, **remplir** une casserole moyenne d'eau. **Poser** la petite casserole contentant les morceaux de bougie dedans. **Ajouter** 2 poignées de copeaux de cire de soja. **Faire fondre** le tout en remuant régulièrement (entre 6 et 10 min).

Étape 4

Sortir la préparation fondue du feu. **Ajouter** quelques gouttes d'huiles essentielles et bien **mélanger**.

Étape 5

Verser doucement la préparation dans le moule. **Attendre** entre 7 et 10 min qu'il se forme une fine peau sur le dessus (pour éviter que les décorations ne coulent au fond du moule).
À ce moment, **déposer** les éléments décoratifs tels que la cannelle, la badiane, les clous de girofle, les rondelles d'orange et les végétaux. Si la peau de la paraffine est trop prise, se servir d'un cure-dent pour la percer et libérer ainsi le liquide afin de bien enrober vos décorations.

Étape 6

Entreposer le moule au froid (réfrigérateur ou congélateur) tout en vérifiant la prise. Au bout de 30 min environ, **toucher** les côtés du pain qui doivent être durs et **démouler** celui-ci.

Étape 7

Disposer la vrille à la perpendiculaire du pain et le **percer** afin d'y **glisser** le ruban. **Enfiler** le ruban dans le trou ainsi qu'une perle et **nouer** ses extrémités.

Étape 8

Décorer la bouteille d'huiles essentielles d'une jolie étiquette et le pain odorant d'une bande de papier kraft imprimée avec un message si le cœur vous en dit.
Déposer le tout dans une boîte en carton et voilà un cadeau de Noël « Home made » écolo!

Je détourne une branche d'arbre en **applique murale !**

Fournitures

★ 1 branche de bouleau
★ 1 chute de planche en chêne
★ 2 vis noires de 4,5 cm
et 2 vis noires de 5,5 cm
★ Chevilles
★ 2,5 m de câble électrique
en tissu noir
★ 1 fiche électrique mâle
★ 1 ampoule design
★ 1 douille noire
★ 1 tasseau de 1,5 x 2,4 cm (long. 2,5 m)
★ Colle à bois
★ Scie
★ Perceuse
★ Rapporteur

AVANT

APRÈS

Un luminaire très nature

Étape 1

Couper un tronçon de la branche d'environ 55 cm. Ensuite, **couper** l'extrémité la plus grosse du tronc en biais. Pour cela, **poser** le rapporteur sur la branche, **marquer** un angle de 60° et **scier** en biais. Sur cette partie biseautée, **confectionner** une saignée de la grosseur du câble électrique à l'aide de la perceuse. Pour finir, **percer** un trou sur l'autre extrémité de la branche, la plus fine, de la grosseur du câble à environ 5 cm du bout.

Étape 2

Mesurer la largeur de la branche, y ajouter 3 cm (largeur des 2 tasseaux) ainsi que 4 cm (décroché de chaque côté de la structure) = X. **Découper** 1 rectangle de X x 22 cm de hauteur ainsi que 2 tasseaux de 22 cm. **Poncer** l'ensemble.

Étape 3

Visser les tasseaux de chaque côté de la branche à l'aide des petites vis. **Enfiler** le câble dans le trou à l'extrémité de la branche, l'**enrouler** autour et le **passer** dans la saignée. Puis **coller** le tronc sur le rectangle ainsi que les tasseaux. La branche est ainsi prise en sandwich entre les tasseaux.

Mon conseil : *vous pouvez utiliser un câble de couleur et une douille en métal !*

Étape 4

Monter la douille à l'extrémité du câble comme une potence et la fiche mâle sur l'autre extrémité pour le branchement électrique dans une prise.

Étape 5

Percer le mur et **mettre** les chevilles. Ensuite, **visser** l'applique.

COUPER TOUJOURS LE COURANT AVANT LES RACCORDEMENTS SUR LE SYSTÈME ÉLECTRIQUE !!!

Je transforme des bouteilles en **vases déco !**

Fournitures

★ Bouteilles en verre
★ Bandes plâtrées de 8 x 300 cm
★ Enduit Gesso
★ Feuille de ponçage
★ Mètre de couturière
★ Peintures acryliques noire et rose pâle
★ Feutres Posca blanc et noir
★ Gants

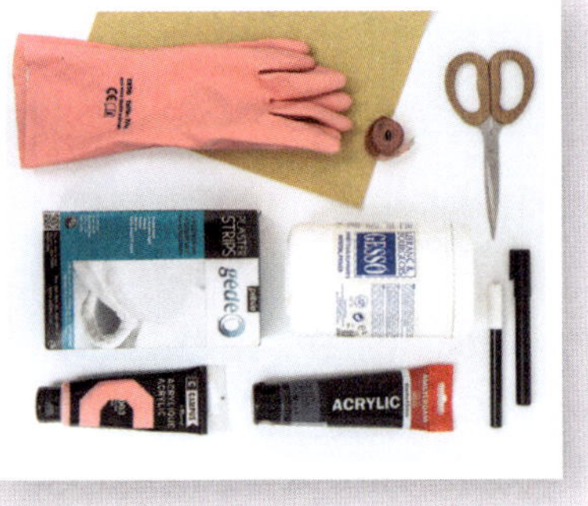

Étape 1

Mesurer la hauteur de vos contenants en prenant en compte aussi le dessous. **Reporter** les mesures sur les bandes plâtrées et **couper** autant de bandes que nécessaire pour recouvrir les contenants. **Compter** 2 couches par contenant.

Étape 2

Protéger votre plan de travail. **Préparer** un bol d'eau. **Enfiler** les gants et **humidifier** une bande en la trempant dans l'eau. Ensuite, la **poser** sur un contenant. Continuer ainsi jusqu'à le **recouvrir** entièrement.

Étape 3

Lisser les bandes avec les doigts. **Laisser sécher** 24 h.

Étape 4

Poncer doucement les contenants pour lisser la surface.

Étape 5

Étaler généreusement le Gesso sur les contenants. **Laisser sécher**.

Étape 6

Peigner et **dessiner** des motifs au feutre comme bon vous semble !

Je transforme un vase en **terrarium fermé !**

Fournitures

- ★ 1 vase
- ★ 1 dessous-de-plat en liège
- ★ Pouzzolane
- ★ Terre
- ★ Charbon actif
- ★ Mousse fraîche
- ★ Mini-plantes
- ★ Cailloux décoratifs, gravier...
- ★ Cutter

AVANT

APRÈS

Un jardin exotique miniature

***Mon conseil :** choisissez des plantes tropicales adaptées au milieu humide type palmier nain, fittonia, ficus, fougère, calathéa…
Et si les plantes deviennent trop grandes, les changer de contenant !*

Étape 1

Verser une couche de pouzzolane d'environ 2 cm au fond du vase.

Étape 2

Verser une couche de terre d'environ 3 cm par-dessus.

Étape 3

Saupoudrez un peu de charbon actif. Cela permet de garder un terreau sain car il aide à l'assimilation des végétaux morts.

Étape 4

Dépoter les mini-plantes délicatement en appuyant sur le pot. **Faire** un trou à l'aide d'une fourchette au centre du vase et **planter** le plus grand des végétaux. **Planter** le reste des mini-plantes autour en veillant à ne pas surcharger le terrarium.

Étape 5

Humidifier la mousse et la **déposer** autour des plantes.

Étape 6

Décorer de petits cailloux, d'une branche de bois flotté, etc.

Étape 7

Verser l'équivalent d'un quart de verre d'eau sur les parois du terrarium. Par la suite, il faudra l'arroser 1 à 2 fois par an !

Étape 8

Découper un couvercle dans le dessous-de-plat en liège aux dimensions du vase. Le **déposer** sur le terrarium.

Étape 9

Entreposer le terrarium à la lumière. Surtout pas derrière une fenêtre pour éviter la chaleur et la lumière directe.

Étape 10

Ouvrir le terrarium lorsque la condensation est trop importante. Puis le **refermer** une fois l'eau évacuée.

Je transforme des carreaux en **cache-pots !**

Fournitures

- ★ 4 carreaux de ciment de 20 x 20 cm
- ★ 2 plaques de 20 mosaïques
- ★ Tube de colle ni clou ni vis
- ★ 1 planche en bois (ép. 18 mm)
- ★ Vernis incolore résistant à l'eau
- ★ Pinceau
- ★ Raclette fine
- ★ Scie électrique
- ★ Seringue
- ★ Gants
- ★ Chiffon

APRÈS

Des pots graphiques

Étape 1

Sur la planche en bois, **tracer** 1 carré de 19 x 19 cm pour le grand pot, 1 carré de 11,5 x 11,5 cm pour le pot moyen et 2 carrés de 5 x 5 cm pour les mini-pots. Puis **découper** les carrés à l'aide de la scie. Ces carrés sont les fonds des pots!

Étape 2

Appliquer une couche de vernis sur les faces des carrés en évitant d'en mettre sur les tranches et **laisser sécher** le temps indiqué par le fabricant. **Reproduire** l'application afin d'éviter les infiltrations d'eau.

Étape 3

Coller les 4 carreaux de ciment autour du fond en bois de 19 cm en répartissant la colle sur les tranches du fond et celles des carreaux. **Essuyer** le surplus et laisser prendre le collage 1 h.

Étape 4

Verser de la colle dans la seringue et **déposer** un filet le long des 4 angles intérieurs afin de combler les interstices. **Lisser** avec le doigt et **essuyer** le surplus au chiffon humide. **Laisser sécher** 24 h avant d'y **mettre** de la terre. Procéder de la même façon pour les petits pots.

Étape 5

Assembler 16 mosaïques quatre par quatre pour former les faces du pot moyen. **Laisser sécher** 2 h. Ensuite, procéder de la même façon que le grand pot.

Étape 6

Verser directement la terre dans les pots ou **déposer** les plantes avec leurs pots d'origine.

Mon conseil: *appliquez aussi de la colle dans les interstices des angles extérieurs à l'aide de la seringue, lissez avec le doigt et nettoyez au chiffon humide!*

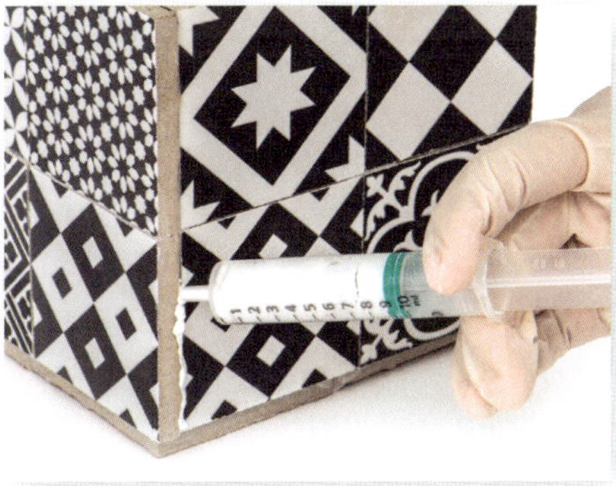

Je détourne des pieds de meuble en **bougeoirs !**

Fournitures

- ★ Pieds de meuble en bois
- ★ Peinture acrylique de différents coloris
- ★ 1 pince plate
- ★ 4 clous
- ★ Colle à bois
- ★ Pâte à bois
- ★ Pinceau
- ★ Perceuse
- ★ Marteau
- ★ Couvercle de pot à confiture
- ★ Colle néoprène

APRÈS

Des bougeoirs baroques

Étape 1

Les pieds de meuble ou de lit en bois offrent une grande variété de formes : cube, évasée, boule, ciselée. En les superposant, vous pourrez ainsi travailler sur les hauteurs. **Débarrasser** les pieds de meuble de leur étiquette. Les **associer** deux par deux et **marquer** « Haut » et « Bas » dessus pour vous rappeler le sens du bougeoir.

Étape 2

Chaque pied est doté d'une vis. Lorsque vous avez déterminé les 2 pieds qu'il vous faudra assembler pour monter un bougeoir, **dévisser** une des grosses vis dans le sens opposé des aiguilles d'une montre. Si certaines vis ne se dévissent pas, il faudra les scier avec une scie électrique munie d'une lame pour le métal.

Étape 3

Visser le pied muni de la vis dans le trou du pied qui n'a plus de vis afin de procéder au montage vertical du bougeoir. Pour ceux dont la vis a été sciée, il faudra coller les 2 parties avec la colle à bois.

Étape 4

Pour assurer la bonne tenue des bougies, **percer** le haut du bougeoir au centre pour les pieds qui n'ont pas de trou avec une mèche de la taille d'un clou. Sinon, utiliser le trou existant de la vis. Y **déposer** de la pâte à bois et y **planter** un clou. **Laisser sécher** 12 h.

Étape 5

Peindre le couvercle et le **laisser sécher**. Le **clouter** sur le haut d'un bougeoir, bord vers le haut. **Peindre** les bougeoirs dans différentes couleurs avec 2 couches et **laisser sécher**.

Astuces : *utilisez une raclette pour lisser la pâte à bois et obtenir une finition parfaite ! Si vous aimez l'effet « shabby », poncez les angles…*

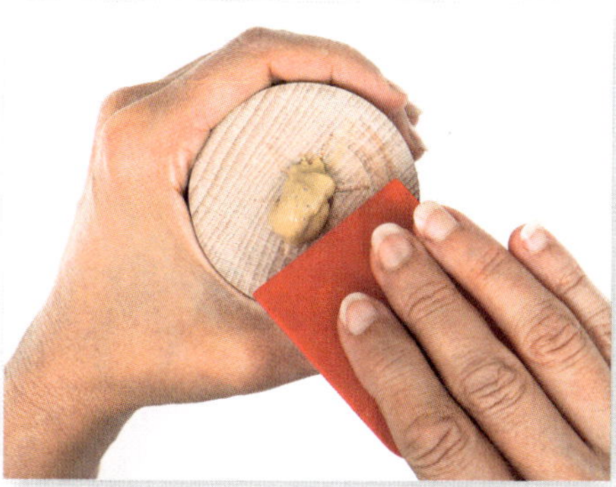

Je transforme un mug cassé en **soliflore !**

Fournitures

- ★ Mug cassé en grés
- ★ Peinture acrylique dorée
- ★ Colle pour porcelaine
- ★ Vernis mat
- ★ Seringue sans aiguille
- ★ Emporte-pièce (diam. 3 cm)
- ★ Pain d'argile blanc
- ★ Papier de ponçage
- ★ Peinture vert de gris
- ★ Cutter
- ★ Pointeau
- ★ Rouleau à pâtisserie

AVANT

APRÈS

Un vase façon kintsugi

C'est quoi le kintsugi? *Cette technique ancestrale japonaise consiste à réparer un objet cassé en soulignant ses lignes de failles avec de la véritable poudre d'or, au lieu de chercher à les masquer.*

Étape 1

Récupérer les morceaux du mug cassé. **Poncer** les morceaux et **essuyer** la poussière.

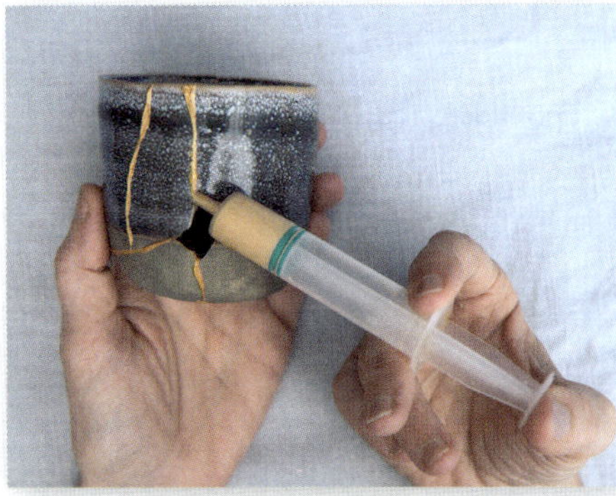

Étape 2

Verser un peu de peinture or dans un petit récipient. **Ajouter** un peu de colle et **mélanger** le tout.

Étape 3

Charger une seringue de colle dorée. **Appliquer** la colle sur les morceaux à assembler, et ce des 2 côtés. **Attendre** 2 min avant l'assemblage. Puis **assembler** les morceaux en les pressant l'un contre l'autre. L'excès de colle va ainsi déborder et créer les cicatrices qui donnent au kintsugi tout son intérêt. **Coller** morceau par morceau et **attendre** la prise. **Laisser sécher** 24 h.

Étape 4

Étaler de l'argile sur environ 5 mm. **Renverser** le mug dessus et **tracer** 1 cercle tout autour à 3 mm des bords afin d'assurer la rétractation de l'argile lors du séchage. **Retirer** l'excédent. **Évider** le centre à l'aide de l'emporte-pièce et **lisser** les contours avec votre doigt et de l'eau.

Étape 5

Prendre le couvercle délicatement et **faire** des trous au pointeau en tournant ce dernier. **Laisser sécher** 24 h. Ensuite, le **peindre** dans les teintes du mug et le **vernir**.

Conseil : *vous pouvez appliquer la technique du kintsugi sur n'importe quel type de vaisselle : tasses, vases, cache-pots… et même sur le verre !*

DÉCO
DE FÊTE

Je transforme une bordure de jardin en **calendrier de l'avent !**

Fournitures

- ★ 1 bordure de jardin en bois de 30 x 180 cm
- ★ Peinture à la caséine
- ★ Ficelle
- ★ Barquette
- ★ Pinces à linge
- ★ Tampon
- ★ Feutres blanc et doré
- ★ Peinture en spray noire
- ★ Sachets, boîtes, ruban
- ★ Stickers chiffres
- ★ Masking tape à motifs et uni
- ★ Pistolet à colle
- ★ Scie et perceuse
- ★ Pince coupante
- ★ Agrafeuse murale
- ★ Marteau et clous

AVANT

APRÈS

Un calendrier écolo chic

JOYEUX
NOËL
6
5
9
BON
POUR
18
HOME
12
16
24
17
20
13
23
22
15

Étape 1

Mesurer la hauteur que vous souhaitez donner à votre calendrier. Ensuite, **couper** le fil en métal au dos de la bordure de jardin à l'aide de la pince coupante. **Récupérer** des rondins pour les étagères et les **scier** en morceaux de 10 cm et 20 cm.

Étape 2

Percer le rondin du haut à 5 cm des bords pour attacher le calendrier au mur. **Percer** également les extrémités des rondins servant d'étagères suspendues à 2 cm de chaque bord.

Étape 3

Peindre la bordure et les rondins en une seule couche pour garder l'aspect bois. **Bomber** la barquette en noir.

Étape 4

Pour les étagères, **enfiler** de la ficelle dans les trous dessus/dessous/dessus et faire un nœud à 10 cm.

Étape 5

Agrafer la barquette sur un rondin et **coller** les étagères restantes au pistolet à colle. **Poser** des clous aux extrémités des rondins et y **accrocher** les étagères suspendues.

***Conseil :** utiliser des branches de sapin pour ajouter une touche verte au code couleur blanc, noir et doré !*

Étape 6

Faire 24 paquets numérotés.
Les **décorer** au feutre, au tampon, au masking tape, etc. Puis **poser** des clous, **coller** des pinces à linge ainsi que du masking tape sur les rondins pour y accrocher l'ensemble des cadeaux.

Je donne une seconde vie aux **boules de Noël !**

Fournitures

★ Des boules de Noël (diam. 6 cm)
★ 10 x 137 cm de Liberty Gatsby Garden et de Liberty Peacock, 10 x 140 cm de lin blanc et naturel
★ Perles
★ Breloques
★ Ficelle dorée
★ Aiguille et fil à coudre
★ Pistolet à colle
★ Ciseaux

Étape 1

Couper 12 bandes de 2 x 21 cm pour chacune des boules en les déchirant. Pour cela, faire une entaille dans le tissu et tirer dessus.

Étape 2

Coller les bandes tout autour de la boule en les superposant de façon à les recouvrir entièrement.

Étape 3

Enfiler 2 perles sur la ficelle pliée en deux et la **coller** au sommet de la boule.

Étape 4

Coudre 1 breloque près de l'attache.

Je transforme des vases en **photophores suspendus !**

Fournitures

- ★ 3 vases ronds de 10,5 cm de hauteur
- ★ 3 bougies led
- ★ Branche d'arbre
- ★ Oiseaux blancs
- ★ Branches d'eucalyptus
- ★ Guirlande led + pochette
- ★ Peinture blanche
- ★ Ficelles blanches fine et épaisse
- ★ Fil d'aluminium doré (diam. 1,5 mm) et fil de fer doré fin
- ★ Gesso blanc
- ★ Stylo + Dremel avec fraise 7144
- ★ Pistolet à colle
- ★ Feutre blanc
- ★ Pâte à fixe
- ★ Crochet à visser
- ★ Masque, gants et lunettes de protection

AVANT

APRÈS

Une suspension de fête

Étape 1

Photocopier le motif aux dimensions indiquées. Le **découper** à ras et faire des entailles dans le bas afin qu'il épouse correctement l'arrondi du vase. Le **fixer** à l'intérieur du vase avec de l'adhésif. À l'aide du feutre blanc, **tracer** les branches sur l'extérieur du vase. Puis **retirer** le motif.

Motif à reproduire à 200 %

Étape 2

S'équiper du matériel de protection. **Poser** une boule de pâte à fixe sur votre table pour stabiliser le vase et **graver** ainsi les branches une première fois en un passage. **Essuyer** le tracé au feutre pour l'éliminer. **Graver** à nouveau les branches avec un second passage, puis **graver** les feuilles les unes en face des autres. Jouer sur les tailles ainsi que les pleins et les contours. Veiller à **essuyer** la poussière régulièrement. Procéder de la même façon pour les autres vases.

Étape 3

Couper 1 morceau de fil d'aluminium de 24 cm et 1 morceau de 29 cm pour confectionner l'anse des photophores. **Courber** le grand fil et rabattre ses extrémités sur 2,5 cm pour créer des boucles. **Passer** l'autre fil dans les boucles et l'**entortiller** sur le haut du photophore.

Étape 4

Peindre des petites branches d'eucalyptus au gesso et les **laisser sécher**. Les **fixer** sur les anses à l'aide du fil de fer fin. Ensuite, **nouer** de la ficelle en haut des anses et **ajouter** un fil de fer fin de même longueur (pour éviter que le photophore ne tourne une fois suspendu).

Étape 5

Diluer la peinture blanche et en **badigeonner** la branche. **Laisser sécher**.

Étape 6

Attacher les photophores sur la branche d'arbre à l'aide de la ficelle fine et du fil de fer. Puis **coller** les oiseaux et **enrouler** la guirlande. **Nouer** la ficelle épaisse de part et d'autre de la branche. **Visser** le crochet au plafond et **accrocher** la suspension dedans. **Déposer** les bougies dans les photophores.

Je transforme du papier en **déco de paquets cadeaux !**

Fournitures

★ Papiers blanc et colorés
★ Stickers double face
★ Pistolet à colle
★ Ciseaux

APRÈS

Des fleurs décoratives

Étape 1

Couper grossièrement des cercles de papier de 10 cm de diamètre.

Étape 2

Découper chacun des cercles en spirale de l'extérieur jusqu'au centre en veillant à être régulière: la bande devra avoir une largeur d'environ 1 cm.

Étape 3

Enrouler le papier sur lui-même en partant de l'extrémité extérieure et en le serrant autant que possible sans le relâcher. Pour démarrer plus facilement, vous pouvez le rouler autour d'un cure-dent.

Étape 4

Relâchez le papier et la fleur est formée.

Étape 5

Découper 1 cercle de papier d'environ 3 cm de diamètre et **coller** la fleur dessus.

Étape 6

Plier une feuille en deux. **Décalquer** le gabarit feuillage (voir p. 135) et le **poser** sur la pliure. **Tracer** son contour et **découper**. **Ouvrir** le feuillage.

Étape 7

Coller 1 sticker sous la fleur afin de la fixer sur les paquets. **Faire** autant de fleurs que vous le souhaitez.

Étape 8

Faire les paquets cadeaux et les **décorer** de fleurs ainsi que de feuillage.

Astuce : *ajouter des feuilles d'eucalyptus pour un effet « green life » !*

Gabarit du feuillage à reproduire à 100 %

Je transforme des rubans en **sapin à suspendre !**

Fournitures

- ★ Chutes de rubans verts en taffetas, velours, satin, double gaze et argent
- ★ 1 bout de bois de 17 cm
- ★ Ficelle de lin
- ★ 1 cercle en laiton (diam. 25 cm)
- ★ 1 breloque médaille
- ★ Pistolet à colle
- ★ Ciseaux

Étape 1

Nouer les rubans autour du bout de bois en mélangeant les tonalités et les matières.

Étape 2

Retourner le sapin sur l'endroit, nœuds derrière le bout de bois.

Étape 3

Rabattre et **coller** la base des morceaux de ruban contre le bois pour les maintenir à l'horizontale.

Étape 4

Couper les rubans de chaque côté en biais pour créer le sapin.

Étape 5

Nouer du ruban argent au sommet et y **accrocher** la breloque.

Étape 6

Attacher le sapin sur la ficelle et la **nouer** autour du cercle en laiton.

UN JARDIN EXTRAORDINAIRE

Je transforme un rideau de douche en **jardinière !**

Fournitures

- ★ 1 rideau de douche en textile de 120 x 200 cm
- ★ 550 cm de biais rayé gris
- ★ Anneaux d'attaches
- ★ 1 sac de terre de 5 l
- ★ Plantes
- ★ Épingles
- ★ Fil à coudre blanc
- ★ Ciseaux

AVANT

APRÈS

Une jardinière aromatique

Étape 1

Découper 1 rectangle de 65 x 80 cm dans le rideau de douche en gardant 5 œillets et 1 rectangle de 65 x 75 cm qui servira à renforcer la base de la jardinière. Pour les poches compartimentées, **découper** 3 bandes de 40 x 65 cm.

Étape 2

Coudre le rectangle qui servira à renforcer au dos du rectangle doté d'œillets afin d'assurer sa solidité une fois les plantes mises en place. Le **coudre** côté envers du rideau et sous la barre d'œillets.

Étape 3

Plier les bandes en deux afin de les doubler pour les poches. Vous obtenez ainsi 3 bandes de 20 x 65 cm. **Coudre** un biais à cheval sur la pliure de chacune des bandes et sur le bas en prenant soin de coudre ensemble les 2 pans de tissu.

Étape 4

Coudre la première poche à 10 cm du haut du rideau, sur les côtés et le bas. **Coudre** la deuxième poche de la même façon, 5 cm en dessous. Puis, 5 cm encore en dessous, **coudre** la troisième poche. **Coudre** 5 compartiments tous les 13 cm sur chaque poche. La jardinière sera ainsi composée de 15 compartiments pouvant recevoir des plantes aromatiques ou des fleurs.

Étape 5

Coudre du biais de chaque côté du rideau. **Verser** un tiers de la terre dans chaque compartiment. **Dépoter** les plantes en pressant le pot. **Aplatir** légèrement la motte et **installer** les plantes dans les compartiments.

Conseil : *vous pouvez accrocher les anneaux directement sur une treille, un grillage… Ou bien les glisser sur un bout de bois, maintenu avec des clous sur un mur !*

Je transforme des parpaings en **banc d'extérieur !**

Fournitures

★ 6 parpaings en béton de 15 x 19 x 50 cm
★ 3 poteaux en bois de 7 x 7 cm (long. 180 cm)
★ 2 carrés de mousse de 50 x 50 cm (ép. 5 cm)
★ Peinture d'extérieur blanche
★ 105 x 160 cm de tissu d'extérieur Kenya
★ 40 x 320 cm de tissu d'extérieur uni par couleur
★ Colle turbo pour matériaux d'extérieur
★ Colle néoprène
★ Rembourrage ouate
★ Fil à coudre noir
★ Mètre de couturière
★ Épingles
★ Ciseaux
★ Cutter

APRÈS

Un petit banc cosy

Étape 1

Nettoyer les parpaings à l'aide d'un pinceau afin d'éliminer les petites particules de béton qui se détachent. **Coller** les parpaings de béton trois par trois pour composer les montants du banc. Pour cela, **disposer** les grands côtés des parpaings les uns contre les autres et les gros trous en haut afin d'y glisser les poteaux. **Laisser sécher** 15 min.

Étape 2

Peindre les 6 parpaings en béton. **Laisser sécher**.

Étape 3

Scier les 3 poteaux en bois sur une longueur de 160 cm. **Disposer** les montants du banc face à face avec un espacement de 1 m. **Glisser** les 3 poteaux dans les trous en les faisant dépasser de chaque côté de 10 cm.

Étape 4 (banquette)

Couper 2 rectangles de 52 x 98 cm, 2 bandes de 7 x 98 cm et 2 bandes de 7 x 52 cm dans le tissu Kenya. **Coudre** les 4 bandes à la queue leu leu par les petits côtés en alternant les longueurs (hauteur de la banquette). **Coudre** la bande sur les contours d'un des rectangles, endroit contre endroit. **Coudre** l'autre rectangle en laissant une ouverture d'environ 60 cm sur un des grands côtés afin d'y **glisser** la mousse. **Retourner** la housse sur l'endroit.

Étape 5

Recouper les carrés de mousse sur 48 x 50 cm au cutter. **Déposer** de la colle néoprène sur les côtés coupés. **Assembler** les 2 plaques 10 min plus tard. Les **enfiler** dans la housse et **coudre** l'ouverture.

Étape 6 (optionnel)

Coudre des coussins en guise de dossier. Pour cela, **couper** des carrés de 40 cm de côté et les **coudre** endroit contre endroit en laissant une ouverture. **Retourner** sur l'endroit et **rembourrer** par l'ouverture. **Coudre** l'ouverture.

Je transforme un pot de fleurs **en mangeoire !**

Fournitures

★ 1 pot en terre de 15 x 15 cm
★ 2 soucoupes en terre de 13 cm et 20 cm
★ 1 tige filetée de 1 m (diam. 8 mm)
★ 1 tourillon en bois lisse de 1 m (diam. 8 mm)
★ Perle en bois (diam. 4 cm)
★ 1,5 m de câble métallique + serre-câble
★ 3 boulons (diam. 8 mm)
★ 1 boulon papillon (diam. 8 mm)
★ 1 écrou long de 8 x 30 mm
★ 3 rondelles (diam. 8 mm)
★ Peinture noire et blanche
★ 1 anneau fileté de 8 x 60 mm
★ Trépan diamant (diam. 4,5 cm)
★ Mèche à carrelage de 8 mm
★ Scie avec lame bois et métal
★ Perceuse avec mèche béton de 8 mm
★ Pince plate

★ Colle néoprène
★ Adhésif de peintre

AVANT

APRÈS

Une mangeoire pour les petits oiseaux

Étape 1

Retourner le pot en terre et **marquer** le centre du fond. **Poser** un morceau d'adhésif dessus pour éviter les éclats et **percer** le fond avec la mèche béton. À l'aide du trépan, **percer** l'entrée du nichoir. **Poser** d'abord l'adhésif et **percer**. **Percer** également un trou de 8 mm pour le perchoir à 2 cm sous l'entrée. Ensuite, **retourner** les 2 soucoupes et **marquer** le centre. **Poser** aussi de l'adhésif et **percer**.

Étape 2

Scier la tige filetée sur 30 cm avec la lame métal.

Étape 3

Peindre le pot en blanc. Puis **peindre** les 2 soucoupes en noir. **Laisser sécher**.

Étape 4

Enfiler le pot en terre à l'envers sur la tige filetée. Par le bas de la tige, **enfiler** une rondelle et un écrou pour maintenir le pot en place par l'intérieur. **Enfiler** la grande soucoupe, une rondelle et **visser** l'écrou papillon (pour maintenir la soucoupe au plus près du pot). **Enfiler** une rondelle par le haut, puis la perle. **Visser** un boulon, l'écrou long et un boulon à l'extrémité de la tige en haut. Puis **visser** l'anneau fileté. Ensuite, **passer** le câble dans l'anneau et le **fixer** avec le serre-câble à l'aide de la pince plate.

Étape 5

Scier 1 morceau de 7,5 cm de tourillon. Le **glisser** dans le trou sous l'entrée du nichoir et le **coller** à l'intérieur.

Je transforme un plaid en **chaise hamac !**

Fournitures

- ★ 1 plaid de 130 x 170 cm Nicoletta
- ★ 50 x 150 cm de toile Nattea écrue
- ★ 4 échevettes de fil retors écru
- ★ 1 échevette de fil mouliné bleu marine
- ★ 471 cm de cordon de bourrage (diam. 8 mm)
- ★ 1 tasseau en chêne de 2 x 4 cm (long. 1 m)
- ★ 1 mousqueton de 8 cm pour 100 kg
- ★ 1 crochet à vis pour 100 kg
- ★ Perceuse et mèche à bois numéro 10

APRÈS

Une chaise suspendue cosy

Étape 1

Tailler le plaid en biseaux sur les grands côtés pour en réduire la largeur. Garder la hauteur de 170 cm ; en revanche, réduire la largeur de 30 cm pour obtenir 100 cm. Pour cela, **marquer** un repère à 15 cm des bords des petits côtés (frangés) et **tracer** une diagonale d'un bout à l'autre du plaid. Le plaid mesure alors 100 x 170 cm. **Surfiler** les bords coupés au point zig zag pour éviter l'effilochage du plaid et ainsi renforcer le tissu.

Étape 2

Couper 4 bandes de 12 x 90,5 cm dans la toile écrue. Les **coudre** deux par deux par les petits côtés pour obtenir 2 bandes de 12 x 179 cm. Se servir de la lisière pour les parties extérieures des bandes afin d'éviter de faire un ourlet.
Au fer à repasser, **marquer** un ourlet de 2 cm le long des grands côtés pour créer une sorte de biais. **Coudre** les bandes comme du biais le long des grands côtés avec un rentré de 2 cm et utiliser la triple piqûre pour optimiser la solidité.

Étape 3

Scier le tasseau sur 92 cm. **Percer** un trou à 3 cm du bord et un deuxième à 10 cm du bord. **Faire** la même chose de l'autre côté.

***Conseil :** cette chaise suspendue ne supporte pas plus de 85 kg. Vérifier bien la solidité de l'accroche dans un arbre ou dans un plafond ! Vous pouvez aussi utiliser des rideaux épais.*

Étape 4

Enfiler tout le cordon de bourrage dans le premier trou à gauche et faire un nœud sur le tasseau. Laisser 48 cm. Puis le **passer** dans un des ourlets. **Plisser** ce dernier sur 80 cm. Laisser 25 cm de cordage, puis faire un nœud sous le tasseau. **Passer** le cordage dans le deuxième trou et laisser environ 165 cm de marge au-dessus du tasseau pour l'attache avec le mousqueton. **Passer** dans le troisième trou, faire un nœud sous le tasseau, laisser 25 cm, **passer** dans l'ourlet et ainsi de suite.

Étape 5

Faire 2 gros pompons avec 2 échevettes chacun en guise de déco et les **coudre**. (Voir page 62 pour le pompon.)

Étape 6

Installer 2 coussins dans le hamac pour le rendre bien douillet.

ANNEXES

Carnet d'adresses de l'auteure

Références de marques pour les fournitures indispensables.
L'auteure remercie chaleureusement les marques
pour la remise gracieuse du matériel.

Artemio (feuille de bois)
https://www.artemio.be/

Au Bois Enchanté (vernis)
https://www.auboisenchante.fr/fr/vernis

Bosch (perceuse avec mèche béton)
https://www.bosch.fr/

Colibri (peinture)
https://www.colibripeinture.com/

CreaVea (bandes plâtrées et enduit Gesso)
https://www.creavea.com/

Déco Cuir (cuir)
https://www.decocuir.com/

ID Peinture Eco
https://id-paris.com/nos-produits/peinture-eco-respectueuse-peinture-a-base-de-materiaux-recycles/

I make, marketplace pour le matériel de loisirs créatifs (cire d'abeille en granulés, sachet de cire de soja en copeaux, moule à savon en silicone)
https://i-make.com/fr/

DMC (fil à broder)
https://www.dmc.com/fr/

Dremel (stylo à graver)
https://www.dremel.com/fr

Edding (peinture aérosol)
https://www.edding.com/fr-fr/

Farrow & Ball (peinture)
https://www.farrow-ball.com/

Leroy Merlin pour le matériel de bricolage (treillage en métal, boutons de meuble, agrafeuse murale, scie et perceuse...)
https://www.leroymerlin.fr/

Ma Petite Mercerie (tissus)
https://www.mapetitemercerie.com/

Mondial Tissus (tissus)
https://www.mondialtissus.fr/

Rascol (pressions Kam noires et blanches)
https://www.rascol.com/pince-pressions-kam-p-224254

Sader (colles types Colle turbo pour matériaux d'extérieur, colle néoprène)
https://sader.fr/

Sostrene Grene (matériel de loisirs créatifs)
https://sostrenegrene.com/fr

V33 (peinture)
https://boutique.v33.com/

Remerciements :
Merci pour les papiers peints à Étoffe.com (maison pour chat et multi-luminaires), à Designer Guild (chaise relookée et cache-pots), à Photowall.fr (tableau pêle-mêle)

Achevé d’imprimer